El GRAN LIBRO DE LOS CHISTES MALOS DE JAIMITO

Papel certificado por el Forest Stewardship Council®

MIXTO
Papel | Apoyando la
silvicultura responsable
FSC® C117695
FSC
www.fsc.org

Penguin
Random House
Grupo Editorial

Primera edición: junio de 2025
Primera reimpresión: diciembre de 2025

© 2025, Jaimito Jaimítez, por el texto
© 2025, Pablo Broseta, por las ilustraciones. Basado en el diseño de personajes de Tatio Viana
Representado por Tormenta.
www.tormentalibros.com
© 2025, Penguin Random House Grupo Editorial, S. A. U.
Travessera de Gràcia, 47-49. 08021 Barcelona
Diseño de interior: Tormenta

Printed in Spain – Impreso en España

ISBN: 978-84-272-5162-5
Depósito legal: B-6.417-2025

Compuesto en Tormenta
Impreso en Vadear Digital, S. L.
Medina del Campo (Valladolid)

MO 5 1 6 2 5

El GRAN LIBRO DE LOS CHISTES MALOS DE JAIMITO

MOLINO

Jaimito le ladra a un perro:

—Guau, guau.

Su padre le pregunta:

—¿Por qué ladras? No eres un perro.

—¿Qué pasa? ¿Es que uno no puede aprender idiomas?

—Jaimito, ¿de dónde vienen los hámsteres?

—De Hámsterdam.

—Jaimito, ¿cuál es el animal más viejo del mundo?

—La vaca, porque está en blanco y negro.

Jaimito está en un mercadillo:

—¿Cuánto cuesta este oso de peluche?

—Cuatrocientos euros.

—Me lo llevo.

—¡Espera! Estos billetes son falsos.

—¡Ja! ¿Y acaso el oso es de verdad?

—Jaimito, ¿cómo se llama el animal que cambia de color?
—Semáforo.

◆ ◆ ◆

Entra Jaimito en una pajarería:
—¿De qué raza es el loro?
El dueño contesta:
—Lo ignoro.
Y Jaimito dice:
—¡Qué loignorito tan bonito!

◆ ◆ ◆

—Jaimito, ¿por qué has puesto una tortuga
encima de la televisión?
—Para que vaya en cámara lenta.

◆ ◆ ◆

—Jaimito, ¿sabes por qué las focas del circo
miran siempre hacia arriba?
—Porque es donde están los focos.

◆ ◆ ◆

—Papá, ¿cuántos años tiene el gato?
—Dos años.
—¿Y cuántos tengo yo?
—Siete años.
—¿Y por qué el gato tiene bigotes y yo no?

◆ ◆ ◆

—Jaimito, ¿por qué los perros mueven la cola?
—Porque sola no se mueve.

—Mamá, ¿sabes qué le dice un pollito a su enemigo?
—No, cariño.
—¡Caldito seas!

—Papá, tengo una pregunta.
—Dime, Jaimito.
—Si los ciempiés tienen 100 pies…, ¿los piojos tienen 3,14 ojos?

—Jaimito, ¿cuál es el animal que tiene más dientes?
—¡El Ratoncito Pérez!

—Jaimito, ¿por qué tu perro entierra los huesos?
—Porque no tiene bolsillos.

◇ ◇ ◇

—Jaimito, ¿dónde encontrarías un elefante?
—En el mismo lugar donde lo perdí.

◇ ◇ ◇

Jaimito le dice a su amigo:
—Mi pato habla, mira: ¡pato, tráeme un jersey!
—¡Cuá!
—¡El que quieras!

—Jaimito, ¿cuántos peces caben en una ballena?
—Ninguno, porque va llena.

—Dime, Jaimito, ¿qué animal puede saltar más alto que una casa?
—Cualquiera, porque las casas no saltan.

—Jaimito, ¿de dónde sale la porcelana?
—De las porceovejas.

—Papá, ¿sabes cómo se llama un oso sin dientes?
—¿Cómo?
—¡Desdentoso!

—Jaimito, tus perros persiguen a la gente en bicicleta.

—Pero, señor policía, eso no tiene sentido. Mis perros ni siquiera tienen bicicleta.

Jaimito le dice a su hermana:

—¿Sabes qué hace una abeja en el gimnasio?

—No, dime.

—¡Zum-ba!

La madre de Jaimito decide ayudarlo con los deberes:

—A ver, tenemos una vaca y una gallina. La vaca tiene un año y la gallina doce meses. ¿Cuál es mayor?

Y Jaimito contesta:

—La gallina, porque tiene doce meses y pico.

—Papá, ¿sabes qué hace un piojo sobre la cabeza de un calvo?

—¿Qué, Jaimito?

—¡Patinaje sobre hielo!

—¿Cómo se anuda la corbata un pez, Jaimito?
—¡Con un nudo marinero!

◆ ◆ ◆

—¿Sabes qué pasa cuando dos vacas se enfadan?
—¿Qué, Jaimito?
—Que al día siguiente no se dicen ni mu.

El hermano de Jaimito le pregunta:
—Jaimito, si el león es el rey de la selva, ¿quién es el rey de la ciudad?
—El semáforo, porque siempre nos hace parar.

—Papá, ¿cuál es el pez que siempre va último?
—No lo sé, Jaimito. ¿Cuál?
—El del-fín.

—¿Cómo llamarías a un perro mago, Jaimito?
—Labracadabrador.

—Jaimito, ¿qué le dice un gusano a otro?
—Me voy a dar una vuelta a la manzana.

 ◈ ◈ ◈

Un vecino enfadado se acerca a Jaimito:
—¡Eh! Este perro me ha robado un trozo de carne. ¿Es tuyo?
—Sí, era mío, pero ahora trabaja por su cuenta.

 ◈ ◈ ◈

—Jaimito, si fueras un tiburón, ¿dónde guardarías tu dinero?
—Fácil, en un banco de peces.

 ◈ ◈ ◈

Una vecina se lamenta:
—¡Mis gatos! ¡Han desaparecido!
Jaimito contesta:
—¿Les gusta irse de excursión?
—Sí, mucho.
—Pues se habrán ido al miau-seo.

 ◈ ◈ ◈

Jaimito le dice a su amigo:
—Si un día tienes un problema, llama a un pulpo.
—¿Un pulpo? ¿Por qué un pulpo?
—¡Porque tiene ocho soluciones para todo!

 ◈ ◈ ◈

20

Jaimito le dice a su hermano:

—¿En qué se parecen una vaca y una pulga?

—¿En qué?

—En que la vaca es típica y la pulga ti-pica.

—Mamá, mamá, en la escuela me llaman peludo.

—¡Ayyy, qué mono, un osito que habla, me lo quedo!

Jaimito va a apuntarse a clases de idiomas:

—Aquí pone que tienes un nivel intermedio de inglés.

—*Oui.*

—Eso es francés.

—Pues apúntame a ese también.

—Jaimito, ¿por qué llevas un calcetín de color verde y otro rojo?

—Pues no lo sé, pero tengo otro par igual en casa.

—Jaimito, vamos al spa.

—No, que me da miedo.

—¿Miedo? ¿Por qué?

—Porque dicen que te echan una crema que te quita diez años y yo solo tengo siete.

Entra Jaimito en una librería:

—¿Tiene libros para el cansancio?

—No, chaval. Están agotados.

Se encuentra Jaimito con un político y este le dice:

—¡Anda! Tú eres Jaimito, el de los cuentos.

—¡No! Yo soy el de los chistes. ¡El de los cuentos eres tú!

¡Doctor, doctor! Tengo un hueso fuera.

Pues dile que pase.

Jaimito entra en una óptica:
—Quería unas gafas, por favor.
—¿Para el sol?
—No, no, para mí.

—Mamá, ¿te sabes el chiste del autobús?
—No.
—Suele pasar.

—Jaimito, ¿tú eres miedoso?
—Qué va, yo no le temo ni al malamén.
—¿Y ese quién es?
—No sé, pero, siempre que la gente reza, dice «líbranos del malamén».

—Papá, ¿me das un vaso de agua?
El padre se lo da y al poco rato Jaimito regresa y le pide otro.
—¡Si ya te he dado cinco! —protesta su padre.
—¡Es que se está quemando mi cuarto!

Le dice el médico a Jaimito:

—Veo que hoy toses mejor.

—Sí, doctor, es que he estado toda la noche entrenándome.

—Jaimito, ¿por qué cada vez que entras en la cocina te marchas enseguida?

—Porque hay un bote en el que pone «sal».

—Jaimito, ¿por qué estás tan cansado?

—Porque he estado persiguiendo el sueño toda la noche y no lo he alcanzado.

Jaimito va a la biblioteca y dice:

—Por favor, ¿un libro de intriga?

—Tengo uno muy bueno. Trata de un asesino que mata a su esposa y a sus hijos, y la policía no sabe quién es…

—¿Y cómo se titula?

—*El mayordomo asesino.*

Jaimito y su amiga Sara han quedado para hacer deporte:

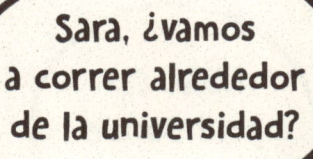

Sara, ¿vamos a correr alrededor de la universidad?

¿Por qué ahí, Jaimito?

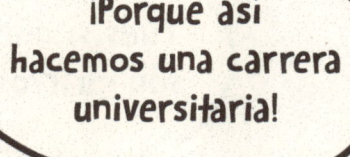

¡Porque así hacemos una carrera universitaria!

Jaimito llega corriendo a casa:

—¡Mamá, me han robado la cazadora de cuero que me trajeron los Reyes!

—Ya te dije que era de las que se llevan.

—Ayer me leí *El señor de los anillos* en dos horas.

—¿Dos horas?

—Solo son cinco palabras, pero no tengo prisa.

Un señor para a Jaimito en la calle:

—Por favor, ¿podría decirme dónde está la avenida del Pez?

—Es la que viene.

—Oh, pues entonces la espero.

En la consulta del médico, Jaimito espera a que le atiendan:

—Enfermera, ¿puede traerme algo de H_2O?

Y la enfermera responde:

—Acaba, Jaimito. ¿H2 o qué?

◆ ◆ ◆

A Jaimito y su hermano les regalan dos caballos.
Jaimito dice:

— Mira, para diferenciarlos, le ponemos un lazo
en la cola al tuyo y al mío no.

Pero, al día siguiente, ven que un gamberro le ha
colocado otro lazo igual al otro caballo.

— Pues al tuyo le cortamos la crin y al mío no.

Pero, al día siguiente, se encuentran con que
otro gamberro le ha cortado la crin al otro caballo.

— Vale, pues le pintamos un lunar en la frente a
tu caballo y al mío no.

Pero, al día siguiente, ven que un gamberro le ha
pintado un lunar del mismo color al otro caballo.

— ¡Esto no puede seguir así! ¡Mira, coge tú el
blanco y yo el negro y listo!

◆ ◆ ◆

— Jaimito, ponme un café con leche corto.
— Se ha roto la máquina, cambio.

◆ ◆ ◆

Jaimito llega al médico muy preocupado:
— Doctor, ¡tengo paperas!
— Toma estos dos euros y ya tienes pa plátanos.

◆ ◆ ◆

33

—¿Por qué, cuando buscas algo, siempre está en el último lugar donde lo buscas?

—Eso es muy sencillo, mamá. Porque, cuando lo encuentras, dejas de buscar.

❖ ❖ ❖

—Papá, ¿sabes lo que le dice una pared a otra?

—No, Jaimito.

—¡Nos vemos en la esquina!

—Jaimito, ¿por qué traes esa cara?

—Porque no tengo otra.

Jaimito está subido a un árbol y su madre se asusta:

—Jaimito, ¡baja!

—No quiero.

Vienen los policías y le dicen:

—Jaimito, ¡baja!

—No quiero.

Llegan los bomberos y le dicen:

—Jaimito, ¡baja!

—No bajo.

Entonces llega un cura, le mira haciéndose la señal de la cruz y Jaimito baja.

—¿Por qué solo le has hecho caso al cura, Jaimito? —pregunta su madre.

—Porque me ha hecho el gesto de «o bajas o te corto la cabeza».

—Papá, no quiero jugar más a los rompecabezas con Carlos.

—¿Por qué, Jaimito? ¿No sabe jugar?

—Sí sabe, ¡pero se pone a llorar al primer martillazo!

—Mamá, me voy al cine con mis amigos.

—¿Vas a ver *Titanic 2*?

—Esa película no va a salir.

—Ni tú tampoco.

Llaman a la puerta y Jaimito abre a un técnico del Ayuntamiento.

—Perdona las molestias, pero vamos a proceder al derribo del edificio contiguo.

—¿Conmigo?

—Jaimito, ¿tú sabes nadar?

—Sí, claro.

—¿Dónde has aprendido?

—En el agua.

❖ ❖ ❖

Jaimito va al médico:
—Doctor, nadie me hace caso...
—¡Que pase el siguiente!

❖ ❖ ❖

Jaimito, ¿por qué has tirado el reloj por la ventana?

Es que quería ver el tiempo volar.

Jaimito entra en un ascensor con un señor. Este le pregunta:

—Perdone, ¿es este el ascensor de subida?

—No, he montado en otros mejores.

Algunos de los chicos mayores se burlan de Jaimito haciéndole elegir entre una moneda de diez céntimos y una de veinte. Él siempre coge la de diez y los chavales se parten de risa.

Un día, un vecino ve lo que está pasando y le dice a Jaimito:

—Jaimito, ¿es que no te das cuenta de que una moneda de veinte céntimos vale más que una de diez?

—Sí, me doy cuenta, pero, si eligiera la de veinte, dejarían de hacerme la broma y ya llevo veinte euros ganados.

—Jaimito, ¿por qué no duermes?

—Porque el fantasma no me deja.

—Pero si los fantasmas no existen…

—Eso es lo que quiere que creas.

—Jaimito, ¿por qué algunas personas parecen brillantes hasta que las escuchas hablar?

—Porque la luz viaja más rápido que el sonido.

A la salida de una boda, Jaimito y su familia ven al fotógrafo en medio del aparcamiento.

—El pobre no encuentra su coche. ¿Cuál será?

Y Jaimito contesta:

—¿El coche del fotógrafo? El Ford Focus, seguro.

—Mamá, ¿sabes qué tipo de coche lleva Papá Noel?

—No, Jaimito, dime.

—¡Un Renol!

Jaimito va a la casa del terror y entra a un salón oscuro, donde hay un ataúd.

De pronto, sale un hombre disfrazado de vampiro y le dice:

—¡BUUU! ¿Te doy miedo?

—No, gracias, ya tengo mucho.

—Doctor, me he roto el brazo en varios lugares.
—Yo que tú no regresaría a esos lugares.

—Jaimito, ¿por qué estás mojado?
—Porque la lluvia no me ha preguntado si quería mojarme.

—Papá, papá, ¿puedo ir al cine?
—Sí, Jaimito, pero no entres.

—Jaimito, ¿qué harías si ganases la lotería?
Jaimito se queda callado un rato y responde:
—Si ganase la lotería, tendría una secretaria que respondería a esa pregunta por mí.

Jaimito va a la ventanilla de la estación:
—¿Me da un billete de metro?
—Tan grandes no tengo.

◈ ◈ ◈

La madre de Jaimito está hablando con un vecino, pero Jaimito se aburre tanto que empieza a imitar al hombre. Él exclama:

—¡Dile a tu hijo que me deje de imitar!

Y la madre de Jaimito le dice:

—Jaimito, ¡deja de hacer el idiota!

◈ ◈ ◈

—Papá, ¿sabes lo que dice un hombre que entra en un bar de pinchos?

—No, Jaimito.

—Ay, ay, ay, ay.

◈ ◈ ◈

Jaimito le dice a su hermana:

—¿Cómo se llama el hijo de un ordenador y una tablet?

—¿Cómo?

—¡Portátil!

◈ ◈ ◈

—Jaimito, ¿qué le dijo el uno al diez?

—Para ser como yo, debes ser sincero.

◈ ◈ ◈

Mamá, ¿sabes qué es thor con un taxi?

¿Qué, Jaimito?

Un conduc-thor.

❖ ❖ ❖

El padre de Jaimito le pregunta:
—Jaimito, ¿cómo se llama el coche que no tiene ruedas?
—Se llama «parado».

❖ ❖ ❖

❖ ❖ ❖

Jaimito y su familia van a ir a comer a un restaurante y se están preparando para salir de casa. Justo cuando van a salir por la puerta, Jaimito sale corriendo y vuelve con pegamento.

—¡Toma, papá!

—¿Pegamento? ¿Para qué voy a necesitar pegamento en el restaurante?

—Es por si rompes la dieta.

❖ ❖ ❖

◇ ◇ ◇

La profesora le pregunta a Jaimito:
—Jaimito, ¿cuál es la definición de «telepatía»?
Y él responde:
—Un televisor para la hermana de mi mamá.

◇ ◇ ◇

En clase preguntan:
—Jaimito, ¿la M con la A es...?
—MA.
—Ahora dilo repetido.
—Mama.
—Vale, pero con tilde.
—Matilde.

◇ ◇ ◇

—Jaimito, llegas tarde a clase. Otra vez.
—Pero, profe, dijiste que nunca es tarde para aprender.

◇ ◇ ◇

—Jaimito, di el índice de mortalidad en España.
Lo piensa un momento.
—Supongo que será una muerte por persona.

◇ ◇ ◇

—Jaimito, escribe «agua».
—¿Con gas o sin gas, profe?

◆ ◆ ◆

Llega un profe nuevo a clase:

Buenos días, mi nombre es Largo.

No te preocupes, profe, tenemos tiempo.

◈ ◈ ◈

Jaimito vuelve del colegio y su padre le dice:
—¿Dónde están tus notas?
—Lo siento, papá, no las tengo.
—¿Y por qué no?
—Se las he prestado a un amigo que quería asustar a sus padres.

◈ ◈ ◈

—Jaimito, ¿qué es «estrés»?
—Pues es dos más uno, profe.

◈ ◈ ◈

El profesor coloca a todos los alumnos en fila.
—Jaimito, ¿qué haces aquí? Te he pedido que te pusieras el último en la fila.
—Profe, yo lo he intentado, pero es que ya había alguien ahí.

◈ ◈ ◈

—Jaimito, ¿cuánto es 9 × 9?
—Los que conocemos nuestras limitaciones solo sabemos hasta 9 × 1.

◈ ◈ ◈

—Pedro, dime las vocales.

—A, E, I, O.

—Te falta una, dilas otra vez.

—A, E, I, O —repite Pedro.

—UUUH —abuchea Jaimito.

—Muy bien, Jaimito —dice la profesora.

Los padres de Jaimito toman café con unos amigos:

—Pues Jaimito está muy contento con su nuevo colegio, ya se encuentra como pez en el agua.

—¿Y qué hace?

—Básicamente, nada.

El profesor de Matemáticas le pregunta a Jaimito:

—¿Cuánto es la mitad de 8?

—¿De arriba abajo o a lo ancho?

—¿Qué quieres decir?

—Es que, si divides el 8 de arriba abajo, te quedas con dos 3, pero, si lo haces a lo ancho, te quedas con dos 0.

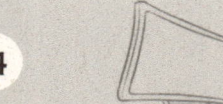

La profesora pregunta:

—Si recibieras diez euros de diez personas, ¿qué tendrías?

Y Jaimito contesta:

—Una bici nueva.

◇ ◇ ◇

◇ ◇ ◇

—¿Cuánto has avanzado con tu redacción, Jaimito?
—Unos ocho kilómetros, seño. Me la llevé a casa ayer y he vuelto con ella esta mañana.

◇ ◇ ◇

Jaimito, ¿qué vas a ser cuando salgas de la escuela?

¡Un anciano!

A la salida del colegio, un amigo le dice a Jaimito:

—Jaimito, ¿te sabes ya las tablas de multiplicar?

—No.

—Pues mañana las pregunta el profe.

—¡Oh, no! ¿Qué hago?

—Haz como yo y escríbelas en el cuello de tu camisa.

Al día siguiente, dice el profesor:

—Jaimito, dime las tablas de multiplicar.

—Sí, profe. Dos por uno: dos. Tres por cuatro: doce… Cien por cien: algodón.

En clase de Mates:

—Si 1 + 1 es 2 y 2 + 2 son 4, ¿cuánto es 4 + 4?

—Jo, profe, ¡no es justo que respondas las fáciles y nos dejes a nosotros la difícil!

—Jaimito, ¿por qué no quieres ir al cole?

—Porque no quiero que la profe me pregunte la tabla del 2.

—¿Y por qué no la has estudiado?

—¡No me da tiempo! ¡Me duermo en la del 1!

Jaimito al profesor:

—¡Que quede claro! ¡Cualquier parecido entre mi trabajo y Wikipedia es pura coincidencia!

La profesora les pide a sus alumnos que aprendan un dato sobre Jesús para la próxima clase. Al día siguiente, les pregunta:

—¿Quién puede decirme algo sobre Jesús?

—Nació en un pesebre.

—Muy bien, Pedro.

Entonces, Jaimito dice:

—Tiene una camioneta roja, pero no sabe conducirla.

—¿Dónde has aprendido eso, Jaimito?

—De mi padre. Ayer, cuando íbamos en coche se nos cruzó una camioneta roja y papá le gritó: «¡Jesucristo! ¿Por qué no aprendes a conducir?».

El profesor pregunta:

—¿Dónde está el canal de la Mancha?

Y Jaimito contesta:

—No lo sé. Mi televisión no lo capta.

◆ ◆ ◆

—¡Profe, profe, me recuerdas al mar!
—Ay, Jaimito, ¡qué cosas tienes! ¿Por qué lo dices?
—¡Porque me mareas!

◆ ◆ ◆

Jaimito, traduce el verbo «mirar».

«Look».

Perfecto. Úsalo en una frase.

«Look», yo soy tu padre.

En clase de Filosofía:

—Jaimito, completa la siguiente frase: «Errar es humano...».

—«... pero lo es todavía más echarle las culpas a otro».

—Jaimito, hijo, ¿no te da vergüenza ser el último de la clase?

—No, papá, alguien debe sacrificarse.

El profesor de Matemáticas les pregunta:

—Si tengo cuatro euros en el bolsillo y pierdo dos, ¿qué tengo en el bolsillo?

Jaimito contesta:

—¡Un agujero, profe!

—Jaimito, ¿cómo se llaman los que han nacido en España?

—¿Todos?

—¿Alguien me puede decir qué día de la semana comienza con V?

Jaimito levanta la mano:

—¡Mañana, mañana!

—Mañana no empieza con V —dice la profesora.

—¡Pero si mañana es viernes!

—Jaimito, ¿sabes la carga del electrón?

—Negativo.

—¿Y la del protón?

—Tampoco.

—Pepito, ¿a cuánto hierve el agua?

—A noventa grados.

Jaimito grita:

—¡Sí, claro! Lo que hierve a noventa grados es el ángulo recto.

—Jaimito, ¿qué pasó durante la Guerra Civil?

—No lo sé, profe, no me invitaron.

❖ ❖ ❖

—Jaimito, espero no haberte visto mirando el examen de tu compañero.

—Yo también lo espero, seño.

❖ ❖ ❖

En clase de Matemáticas:

—Jaimito, si sumas 3.452 y 3.096, luego divides el resultado entre 4 y lo multiplicas por 6, ¿qué obtienes?

—¡La respuesta incorrecta!

—Jaimito, ¿sabrías decirme de qué familia viene el canguro?

—No lo sé, profe, como soy nuevo en el barrio, no conozco a nadie.

—Jaimito, ¿cuántas naranjas quedarán si tenemos diez naranjas y nos comemos cuatro?

—Lo siento, seño, pero yo solo sé hacer operaciones con manzanas.

El profe pregunta a Jaimito:

—¿Te han ayudado tus padres con los deberes?

—No, profe, los he hecho mal yo solo.

El maestro le pregunta a Jaimito:

—Si tuvieras diez euros y te pidiera un préstamo de ocho euros, ¿cuántos euros te quedarían?

—Diez —responde Jaimito.

—¿Diez? ¿Y cómo es eso posible?

—Porque puedes pedir un préstamo, ¡pero eso no significa que te lo vayan a dar!

La profesora pregunta a Jaimito:

—¿Con qué escriben los zurdos?

—Depende…

—¿De qué depende?

—Pues de si tienen a mano un lápiz, un bolígrafo, una tiza…

La clase de Jaimito va de excursión al parque de bomberos y los bomberos les enseñan un detector de humo:

—¿Alguien sabe qué es esto?

Jaimito responde:

—¡Así es como mi padre sabe que la cena ya está lista!

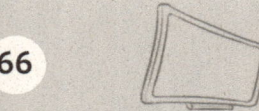

◆ ◆ ◆

—Jaimito, si tengo diez caramelos y me como ocho, ¿qué tengo?
—¡Diabetes, profe!

◆ ◆ ◆

¡Jaimito, en clase no se puede dormir!

Ya lo sé, profe, es casi imposible. ¡No paras de hablar!

—¿Sabes contar hasta diez, Jaimito?

—Sí, profe: uno, dos, tres, cuatro, cinco, seis, siete, ocho, nueve, diez.

—Ahora sigue desde ahí.

—Jota, caballo, rey.

—¡Buenas noticias! Hoy tenemos examen sorpresa, llueva o haga sol.

Jaimito se ríe.

—¿Qué tiene de gracioso, Jaimito?

—¡Está nevando!

El profesor de Historia le pregunta a Jaimito:

—¿Dónde se firmó el tratado de paz franco-inglés de 1800?

—En la esquina inferior derecha, supongo.

—Jaimito, ¿qué hora es si el reloj marca las 13?

—Es hora de comprar un reloj nuevo.

En clase de Ciencias Naturales:

—La cigüeña es un ave zancuda...

Jaimito interrumpe a la profesora:

—No nos vengas con cuentos, que ya tenemos edad suficiente para saber que la cigüeña no existe.

La profesora riñe a Jaimito:

—Jaimito, tienes que dejar de copiar. ¿Por qué lo haces?

—No copiar es desconfiar del compañero de al lado, y eso está feo, profe.

—Jaimito, dime algo que sepas de Australia —le pide el profesor.

—La mayor exportación de Australia son los bumeranes. También son la mayor importación.

—Jaimito, ¿sabes qué es una orilla?

—Sesenta minutillos, profe.

71

◇ ◇ ◇

—Jaimito, ¿dónde están tus ganas de estudiar?
—Se fueron de vacaciones.

◇ ◇ ◇

Jaimito, ¿por qué se extinguieron los dinosaurios?

Porque no tenían seguro de vida.

Jaimito hablando con su madre:

—Hoy he sacado un diez en la escuela.

—¡Genial! ¿En qué asignatura?

—En realidad, ha sido en dos: he sacado un cinco en Lengua y un cinco en Historia.

La madre se lo queda mirando.

—¡Bueno, al menos sabes sumar!

—Jaimito, ¿dónde están tus deberes?

—Lo siento, profe, no los tengo.

—¿Y eso?

—Es que me los comí.

—¿Qué? ¿Por qué hiciste eso?

—Es que el perro se negó a hacerlo.

La profesora le pregunta a Jaimito:

—Jaimito, ¿cuántos años tiene tu padre?

—Los mismos que yo.

—Eso es imposible.

—Bueno, se convirtió en padre el mismo día que yo nací.

En clase de Historia:
—Así fue como los atacantes perdieron la batalla.
Jaimito exclama:
—¡¿Y por qué no se pusieron a buscarla?!

—¡Jaimito!
—¿Sí, profe?
—No te vi ayer en la actividad de camuflaje.
—¡Gracias, profe!

—Jaimito, ¿cuánto suman dos más dos?
—Cinco.
—¿Me estás tomando el pelo?
—No, profe, es que todo sube en esta vida.

—Jaimito, ¿has estudiado para el examen de mañana?
—Claro, mamá, pregúntame cualquier cosa.
—A ver, háblame del Tercer Reich.
—¿Cuál, el de la mirra?

El profesor le pregunta a Jaimito:

—¿Cuándo fue la independencia de México?

—Mmm... ¿En martes?

◈ ◈ ◈

—¡Mira, profe! Acabo de escribir un libro.

—¡Anda, Jaimito, qué bien! ¿Y por qué has dibujado un dedo en la primera página?

—Es el índice.

◈ ◈ ◈

¿Qué podemos hacer para detener la contaminación del agua, Jaimito?

¿Dejar de bañarnos?

La profesora pregunta en clase:

—Jaimito, ¿qué se necesita para encender una vela?

—Que esté apagada.

El maestro al oír a Jaimito decir una palabrota:

—No quiero que vuelvas a usar ese lenguaje. ¿De dónde lo has sacado?

—De mi madre.

—Bueno, no es motivo para que tú hables así. Ni siquiera sabes lo que significa.

—Sí lo sé. Significa que el coche no arranca.

—Jaimito, ¿qué son las matemáticas?

—Son las ciencias que quitan la paciencia y las ganas de estudiar.

—Jaimito, ¿qué nombre se le da a una persona que continúa hablando aunque los demás no estén interesados?

—Profesor.

El profesor le pregunta a Jaimito:
—¿Con cuántos ceros se escribe un millón?
—Con seis.
—Muy bien. ¿Y medio millón?
—Con tres.

—Jaimito, ¿dónde está la escalera?
—Se la ha llevado el profe de Música.
—¿Para qué?
—Supongo que para alcanzar las notas altas.

—Jaimito, ¿qué te pasa?
—Que no sé escribir el número 33, profe.
—Es muy fácil, primero pon un 3 y después otro 3.
—Sí, profe, pero no sé qué 3 se escribe primero.

—Jaimito, otra vez mascando chicle en clase...
¡A la papelera!
 Y él le pregunta:
—Profe, ¿el chicle también?

❖ ❖ ❖

—¿Quién puede decirme dónde está el muro de Adriano?

Jaimito levanta la mano:

—¡Sospecho que está cerca del jardín de Adriano!

❖ ❖ ❖

—Jaimito, ¿en qué año se produjo la invasión de los hunos?

—¿En el 1.111?

—Jaimito, ¿cuántos corazones tenemos?

—Dos, profe.

—¿Dos?

—Sí, el tuyo y el mío.

El profe en clase:

—¿Me podéis decir algo importante que no existiera hace cien años?

Y contesta Jaimito:

—¡Yo!

A la salida del cole, Jaimito le cuenta a su madre:

—¿Sabes, mamá? Mi redacción ha conmovido mucho a la seño.

—¿De veras?

—Sí, me ha dicho que daba pena.

—Profe, una pregunta...

—¿Sí, Jaimito?

—¿Por qué el examen no traía preguntas sobre tu vida, si es de lo que más nos has hablado durante el trimestre?

—¿Alguien puede darme un ejemplo de lo que es una coincidencia?

—¡Yo, seño! —exclama Jaimito—. ¡Mi mamá y mi papá se casaron el mismo día!

—Jaimito, dime una palabra que empiece por M.

—Cazo.

—¿Dónde tiene «cazo» la M, Jaimito?

—En el mango.

El profesor le pregunta a Jaimito:

—Si digo «fui pobre», es tiempo pasado, pero, si digo «soy rico», ¿qué es?

—Exceso de imaginación.

◈ ◈ ◈

La profesora pregunta:

—Jaimito, ¿qué es la altura?

—La altura es cuando me subo a una silla para llegar a las galletas que esconde mamá.

◈ ◈ ◈

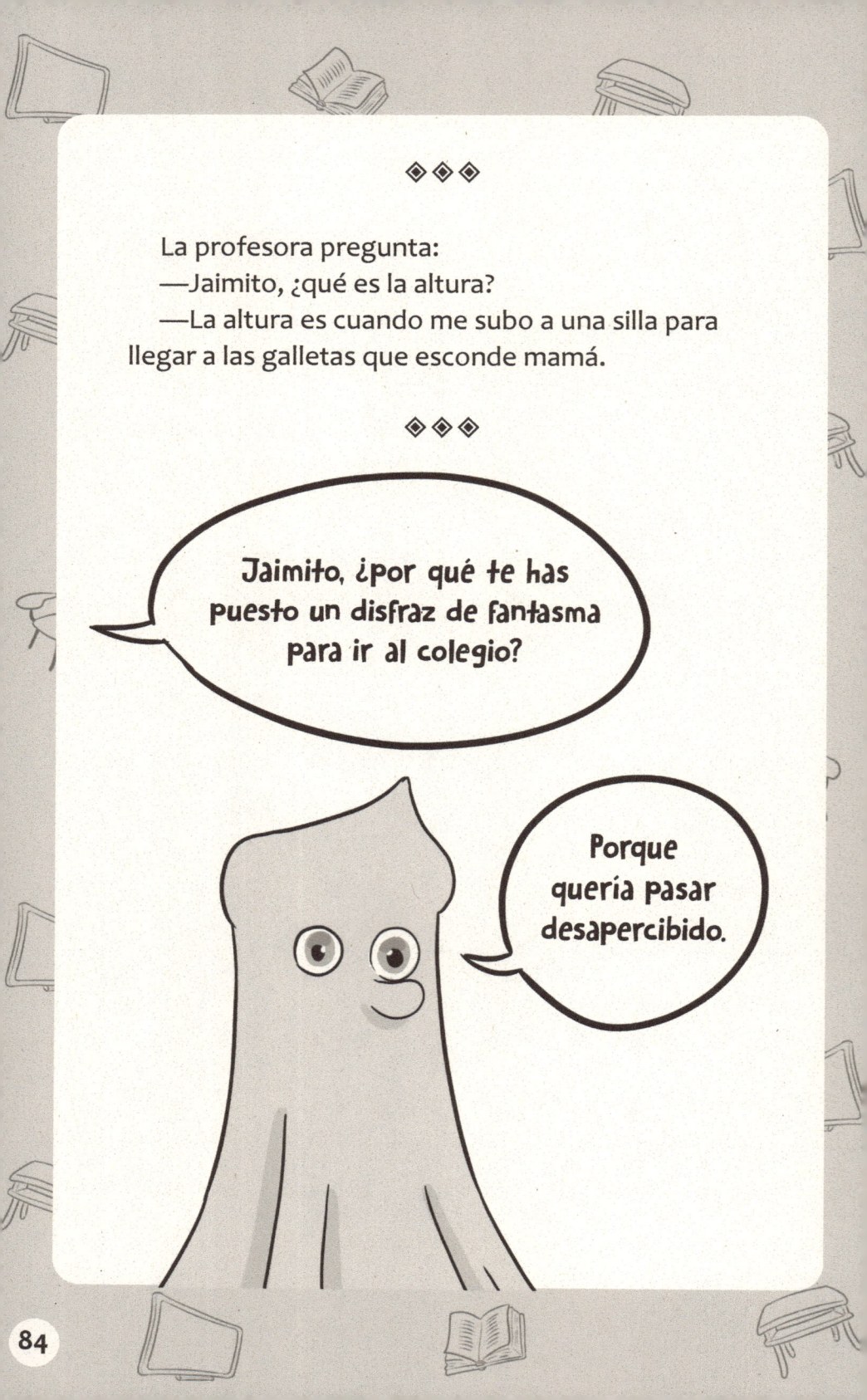

Jaimito, ¿por qué te has puesto un disfraz de fantasma para ir al colegio?

Porque quería pasar desapercibido.

—¡Mamá, no voy a volver a la escuela nunca más!

—¿Por qué no, Jaimito?

—¡El profesor no sabe nada, lo único que hace es preguntar!

—Carlos, ¿qué da el peral?

—Peras, seño.

—Muy bien, ¿y el melocotonero, Sara?

—Melocotones, seño.

—Exacto. Jaimito, ¿el cedro da alguna fruta?

—Claro que sí, seño, el cedro da trocino.

—Creo que algún día tu profesor se dará cuenta de que soy yo quien te hace los deberes, Jaimito.

—Papá, creo que ya lo sabe… Ayer me dijo que le parecía imposible que yo solo pudiera cometer tantas barbaridades.

—Jaimito, nombra un animal que empieza por L.

—¡Elefante, profe!

El profesor le dice a Jaimito:

—Viendo esta pata de pájaro, dime cuál es el tipo de pájaro, cuánto come cada día y cuántos huevos pone en cada nidada.

Y dice Jaimito:

—¿Cómo voy a saber todo eso con una sola pata de pájaro?

—Jaimito, estás suspenso. Dime tus apellidos.

Y dice Jaimito:

—Viendo mi nombre, adivina.

La profesora le pregunta a Jaimito:

—Jaimito, ¿por qué no has traído los deberes?

Y Jaimito contesta:

—Porque nos diste tareas para casa, profe, y yo vivo en un apartamento.

—A ver, niños: ¿cuál es la frase que más se usa en este colegio?

Jaimito responde:

—No lo sé, profe.

—¡Correcto!

El profesor llama a Jaimito para hablar de su examen:

—Jaimito, ¿tú sabes lo que es el estudio?

—Sí, profe, el alimento de la mente.

—¡Exacto! ¿Y por qué no has estudiado?

—Es que estos días estoy a dieta…

—Jaimito, ¿por qué tu redacción sobre la leche es tan corta?

—¡Porque hablo de la leche condensada!

En clase de Matemáticas:

—Bueno, sigamos con la geometría. Hoy vamos a hablar de ángulos. ¿Alguien sabe lo que son?

Jaimito levanta la mano:

—¡Yo, yo, profe! ¡Sonángulos son aquellas personas que andan dormidas!

Jaimito está en un restaurante con su familia:

—Camarero, he encontrado un pelo en la sopa.

—Démelo, por favor; lo guardaremos por si viene alguien a reclamarlo.

Está Jaimito subido a un árbol, robando manzanas, y el dueño lo pilla:

—¡Espera a que hable con tu padre!

Y Jaimito, mirando hacia arriba, grita:

—¡Papá, aquí abajo hay un señor que quiere hablar contigo!

Jaimito vuelve de la compra:

—Mamá, mamá, ¿las peras son transparentes?

—No, hijo mío.

—Entonces he comprado un kilo de bombillas.

—Jaimito, ¿por qué pones azúcar debajo de la almohada?

—Para tener dulces sueños.

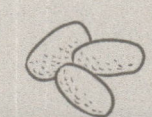

Mamá, me he sacado el título de manipulador de alimentos. ¡Ya tengo a los plátanos y a las mandarinas totalmente en contra de las fresas!

◈ ◈ ◈

Jaimito hablando con su hermana:
—¿Qué le dice una uva verde a una uva morada?
—¿Qué le dice?
—Respira, respira…

◈ ◈ ◈

Su padre le dice a Jaimito:

—¡Uy! Cuando tomo un café no duermo.

—Pues a mí me pasa lo contrario, cuando duermo, no tomo café.

Un camarero le dice a Jaimito:

—Tenemos un menú de nueve euros y otro de seis.

—¿Y qué diferencia hay?

—Tres euros.

El hermano de Jaimito está haciendo los deberes y le pide ayuda a Jaimito:

—¿«Arroz» va con S o con Z?

—¿Arroz? ¡Con tomate!

—Mamá, no encuentro el pan.

—Busca bien, Jaimito.

—¡No lo encuentro!

—Como vaya y lo encuentre, ¿qué te hago?

—Un bocadillo de queso, ¡por favor!

El hermano de Jaimito le pregunta:
—Jaimito, ¿de dónde viene la leche?
—Del supermercado.

—Buf, me ha caído mal el estofado —se queja la madre de Jaimito.
—¡Pues no le hables!

—Papá, ¿sabes cuánto paga de alquiler la frutería?
—No, Jaimito, ¿cuánto?
—Pimientos euros.

—Jaimito, ¿cómo se dice «repollo» en inglés?
—*Rechicken.*

—Jaimito, ¿por qué las manzanas se caen de los árboles?
—Fácil: porque no usan escaleras.

◆ ◆ ◆

Jaimito le dice a su amigo:
—Pablo, ¿sabes cuál es la fruta más explosiva?
—No, ¿cuál?
—¡La granada!

◆ ◆ ◆

—Papá, ¿me das otro bombón?
—¿Y por qué, Jaimito?
—Porque el otro se me ha caído.
—¿Dónde?
—¡En el estómago!

◆ ◆ ◆

—Jaimito, ¿por qué llora tu hermanita?
—Porque la he ayudado.
—¿A qué la has ayudado?
—A terminar sus gominolas.

El abuelo le dice a Jaimito:
—Ay, Jaimito, me acabo de tirar un pedo de esos silenciosos, ¿qué hago?
—Ahora nada, abuelo, pero, cuando llegues a casa, cámbiale las pilas al audífono.

—Jaimito, ¡menudos pelos llevas, péinate ahora mismo!
—No, papá, es el espejo el que está despeinado.

—Mamá, ¿sabes ese jarrón tan bonito que hay en el comedor y que ha pasado de generación en generación?
—Sí. ¿Qué pasa con él, Jaimito?
—Bueno, a la última generación se le ha caído.

Papá, ¿qué se siente al tener un hijo tan guapo?

No sé, Jaimito, pregúntale a tu abuelo.

❖ ❖ ❖

—Cariño, ¿dónde están Jaimito y su hermana?
—¡En Inglés!
—Vaya tela... *Darling, where are the kids!?*

❖ ❖ ❖

Jaimito le dice a su hermana:

—¡Qué guapa estás hoy! ¿Te has pintado los ojos?

Y ella responde:

—No, ya los tenía.

Antes de irse a comprar, los padres de Jaimito le dejan varias tareas:

—Jaimito, friega el suelo con lejía, prepara las tostadas con mantequilla, mete el pollo en el horno y pon al bebé a dormir.

Cuando vuelven, gritan:

—Jaimito, ¡¿qué has hecho?!

—Lo que me habéis dicho: he fregado el suelo con mantequilla, he preparado las tostadas con lejía, he metido el bebé en el horno y he puesto el pollo a dormir.

—¡Pero Jaimito…!

—Shhh, que el pollo está durmiendo.

—Jaimito, si sigues portándote así de mal, ¡tendrás hijos malísimos!

—Mamá, te acabas de traicionar a ti misma, ¿no?

Jaimito lleva varios días enfermo y no mejora. Su padre le pregunta:

—Te estás tomando el jarabe que te recetó el médico, ¿verdad?

—Imposible, papá. En el frasco decía «consérvese cerrado».

Jaimito le pregunta a su madre:

—Mamá, ¿qué tienes en la barriga?

—Un bebé que me ha regalado tu padre.

Con cara de susto, Jaimito sale corriendo y, cuando encuentra a su padre, le dice:

—¡Papá! ¡No le regales más bebés a mamá, que se los come!

—Mamá, mamá, ¿es verdad que las madres saben más que los hijos?

—Claro, Jaimito, es verdad.

—Ah… Y, oye, ¿quién inventó la imprenta?

—Gutenberg.

—Pero, entonces, ¿por qué no la inventó la madre de Gutenberg?

◆ ◆ ◆

Jaimito hablando con su padre:

—Papá, ¿me haces un bocadillo de jamón, por favor?

—¿York?

—Sí, turk.

◆ ◆ ◆

Papá, papá, ¡cuéntame un chiste!

No, Jaimito, mejor ayúdame a fregar los platos, ¿vale?

¡Ja, ja, ja, ja! ¡Qué bueno, papá!

 ❖ ❖ ❖

—Papá, ¿qué me vas a regalar este año por mi cumple?

—¿Qué te regalé el año pasado, hijo?

—Un globo.

—Pues este año te lo inflo.

 ❖ ❖ ❖

Jaimito va por la calle con su abuelo y se encuentra un caramelo en el suelo. Lo va a coger y le dice su abuelo:

—Niño, no se coge nada del suelo.

Más adelante, Jaimito encuentra una moneda de un euro y le dice su abuelo:

—Niño, no se coge nada del suelo.

Siguen caminando, hasta que el abuelo se tropieza y se cae.

—Jaimito, ¡ayúdame a levantarme!

—Abuelo, no se coge nada del suelo.

 ❖ ❖ ❖

—Jaimito, si no apruebas el examen de mañana, olvídate de que soy tu padre.

Al día siguiente:

—Hijo, ¿cómo te ha salido el examen?

—¿Y tú quién eres?

 ❖ ❖ ❖

Jaimito va a un concierto y se sienta en primera fila. Un amigo que también está allí le saluda:

—Jaimito, ¡no sabía que venías!

—Mi hermana me ha dado una entrada.

—¿Y dónde está tu hermana?

—En casa, buscando su entrada.

Una madre acaba de dar a luz a un bebé. Cuando ya está recuperada, el doctor le dice:

—Su hijo está bien, pero le hemos tenido que poner oxígeno.

Y la madre contesta:

—¡Qué pena! ¡Yo quería ponerle Jaimito!

A Jaimito lo mandan a la cama por décima vez y su madre, ya cansada, le dice:

—Jaimito, si vuelvo a oírte decir «mamá» de nuevo, te voy a castigar. Vete a la cama de una vez.

Entonces, Jaimito titubea un momento antes de decir:

—Señora, quiero un vaso de agua, por favor.

◆ ◆ ◆

—Mamá, tengo una noticia buena y otra mala.
—Dime la mala.
—No hay buena.
—¿Entonces?
—La buena es que no hay mala.

◆ ◆ ◆

El padre de Jaimito le quiere dar una lección:

Hijo, ¿sabes qué les pasa a los niños que les roban el dinero a los mayores?

Sí, se van al cine.

Jaimito le dice a su madre:

—Mamá, cuando sea mayor, quiero ser como tú.

—Ah, ¿sí? ¿Quieres ser igual de trabajador?

—No, quiero dormir tanto como tú.

La madre de Jaimito ha tenido gemelos y su padre le dice que avise a la profesora de que va a faltar a la escuela toda la semana. Cuando Jaimito vuelve, su padre le pregunta:

—¿Le has dicho a tu profesora que vas a faltar porque mamá ha tenido gemelos?

—Le he dicho que ha tenido un bebé.

—¿Por qué, Jaimito?

—Es que me he guardado el otro para la semana que viene.

El padre de Jaimito está en lo alto de una cuesta, mirando hacia abajo:

—¿Qué haces, papá?

—Arrancar la moto, hijo.

—Si eso se hace con una patada.

—¿Y qué te crees que he hecho?…

Antes de ir a una fiesta, la madre de Jaimito le dice a su hijo:

—Jaimito, si tienes ganas de ir al servicio, dime que te vas a América, ¿vale?

—Vale, mami.

En la fiesta, al cabo de un rato, Jaimito le dice a su madre:

—¡Mamá, me voy a América!

Su madre lo entiende, pero la señora con la que estaba hablando le pregunta a Jaimito:

—¿Y qué harás solo allí?

—Pues, señora, voy a ver Chi-cago.

—Papá, esta noche no me esperes.

—¿Por qué, Jaimito?

—Porque ya he llegado.

—Abuela, ¿quieres que te cuente una historia?

—Claro, Jaimito.

—Había una vez un niño que tenía la boca tan pequeña, pero tan pequeña, que, para decir «tres», tenía que decir «uno, uno, uno».

—Mamá, ¿sabes cuál es la montaña más limpia?

—¿Cuál, Jaimito?

—El volcán, porque primero echa cenizas y, después, lava.

Jaimito llega a casa del colegio:

—Papá, ¿te acuerdas de que me ofreciste una bicicleta si me salían bien los exámenes?

—Sí, hijo.

—Pues has tenido suerte: no vas a tener que comprármela.

—Mamá, ¿puedo ir al cine?

—No.

—Mamá, ¿con qué sueles aliñar la ensalada? ¿Con aceite y…?

—Sal.

—Vale, mamá, vuelvo cuando acabe la peli.

La profesora de Jaimito va a visitarlo a su casa y, en cuanto la ve por la ventana, Jaimito corre donde su abuelo:

—Abuelo, ¡tienes que esconderte!

—Pero yo quiero saludar a tu profesora.

—De ninguna manera. Ayer le dije que tenía que ir a tu funeral.

—Mamá, si Dios nos da de comer, la cigüeña trae a los niños de París y Papá Noel y los Reyes Magos nos traen los regalos... ¿Me quieres decir para qué servís papá y tú?

—Jaimito, ¿por qué has pegado a tu hermano con el cojín?
—Es que el sofá entero pesaba mucho.

Jaimito está hablando con su abuela:
—¡Abuela, abuela! ¿Me oyes?
—¡Claro que te oigo, nieto! ¡No estoy sorda!
—Hala... Entonces ¡¿me estabas ignorando?!

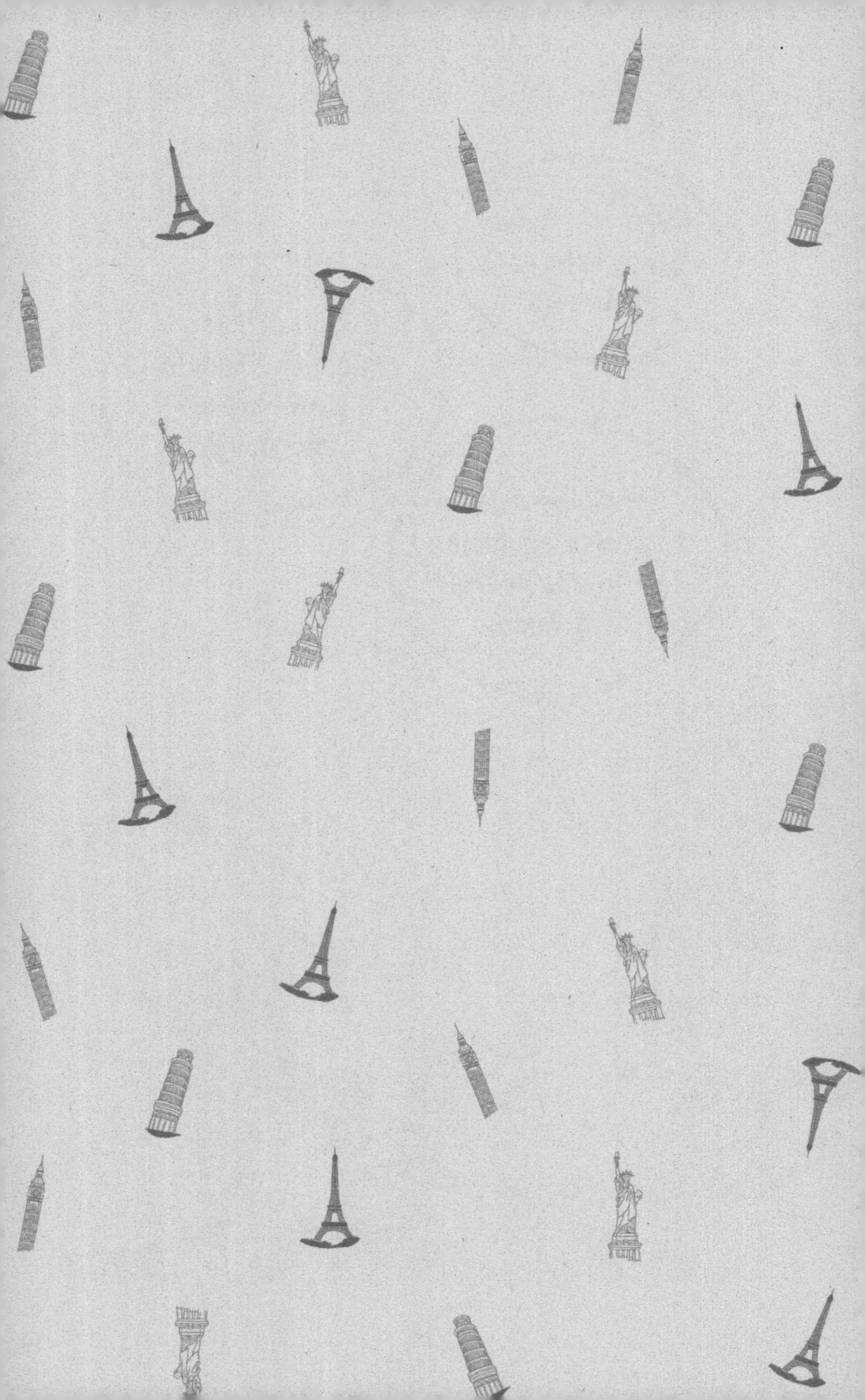

—Oye, Jaimito, ¿sabes cómo se llaman los habitantes de Nueva York?

—Hombre, pues todos no.

—Jaimito, ¿qué has hecho en vacaciones?

—He dormido mucho.

—¿Y qué más?

—Pues… también me he despertado.

Jaimito en Navidad:

—Mamá, ¿qué celebramos hoy?

—El nacimiento del Niño Jesús.

—Pero ¿no nació ya el año pasado?

El capitán de un barco le pregunta a Jaimito cuando embarca:

—En caso de naufragio, ¿a quién salvarías antes? ¿A tu familia o a mí?

—A mí.

123

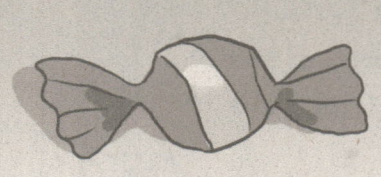

Querido Papá Noel:
Ya sé lo que quiero
este año como
regalo de Navidad:
¡aprobar todo! ¡trata
de no confundirte
como el año pasado!

Jaimito

Jaimito les dice a sus amigos:

—Me voy dos semanas de vacaciones a Hawái.

—¡Qué guay! Pues no te olvides de escribir.

—Espero que no. ¡Con lo que me costó aprender!

Jaimito y su familia llegan a un hotel y le dicen al recepcionista:

—¿Tiene habitación para nosotros?

—Sí, pero está en la planta 60 y no hay ascensores.

Sin tener otro remedio, cogen sus maletas y empiezan a subir las escaleras. Cuando van por la planta 30, dice Jaimito:

—Mamá, papá, os tengo que decir una cosa.

—Cuando lleguemos nos lo dices, Jaimito.

Cuando llegan a la planta 60, le dicen:

—¿Qué nos querías decir?

—Que nos hemos olvidado las llaves en recepción.

—Capitán, a la izquierda veo un barco con oro.

—Jaimito, habla bien —responde el capitán—. ¡Se dice «babor»!

—Capitán, a la izquierda veo un barco con babor.

Jaimito y su padre salen al bosque en busca de un pino para decorar su casa en Navidad. Después de horas de búsqueda, Jaimito dice:

—Bueno, ¡ya basta! El próximo que veamos lo cogemos sí o sí, ¡tenga o no tenga bolas de Navidad!

Después de las vacaciones, Jaimito vuelve a la escuela, pero se porta tan mal que su maestra llama a su padre por teléfono. Entonces, su padre le dice:

—Espera. Hemos tenido a Jaimito en casa durante dos meses y nunca te hemos llamado por teléfono cuando se ha portado mal, ¿eh?

En Navidad, Jaimito va al Polo Norte a visitar a Papá Noel y le pide:

—Quiero unos padres buenos.

Pero, al volver a casa, Jaimito llama a la puerta y le abren sus padres. Entonces, Jaimito regresa al Polo Norte y se queja a Papá Noel:

—Yo pedí unos padres buenos.

—Ya tienes unos padres buenos.

—Sí, claro, tú lo dices porque a ti no te regañan.

127

—Jaimito, no sabía que tu padre estaba en México. ¿Por qué está separado de tu madre?

—Por el océano Atlántico.

Llaman al timbre.
—¿Quién es? —pregunta Jaimito.
—El amor de tu vida —responden sus amigos.
—Ja, ja, ja, ja, mentira, los refrescos no hablan.

—Alba, soy Jaimito. Oye, que ya he cogido el autobús. Llego a tu casa en treinta minutos.
—Pero si se llega en quince andando...
—Ya, jopé, pero cansa.

Jaimito habla con su amigo Jorge:
—¡Soy tan alto que puedo ver el futuro!
—¿En serio? ¿Y qué ves?
—Veo que me vas a invitar a merendar.

—Jaimito, ¿sabes si ya se ha estrenado la nueva peli de Pinocho?
—Uuuf, qué va, ni siquiera he visto *Pinuno*, *Pindós*, *Pintrés*, *Pincuatro*, *Pincinco*, *Pinséis* ni *Pinsiete*...

Suena el teléfono en casa de Jaimito:

¿Está Agustín?

No, estoy incomodín, la verdad.

Jaimito y Pedro van caminando por el campo cuando de repente Pedro se cae en un pozo. Jaimito se asoma y grita:

—¿Te has hecho daño?

—Todavía noooooooooooooooooooooo…

—Jaimito, ¿por qué te has pintado la cara de azul?

—¡Porque mi mejor amiga se ha ido a pasar el verano lejos y yo quiero estar a zu lado!

—No sé si conseguiré convencer a mis padres para ir de vacaciones a los Pirineos —se lamenta un amigo de Jaimito.

—Tienes vacas y ovejas, ¿no?

—Sí, ¿por?

—Pues ya tienes mucho ganado.

Le dice Jaimito a su amigo:

—Federico, tienes la boca abierta.

—Ya lo sé. La he abierto yo.

En la estación de tren, Sara le pregunta a Jaimito:

—Si ese tren fuera de chocolate, ¿por dónde empezarías a comértelo?

—Por las ruedas, así no se escapa.

Jaimito y su amigo Roberto se encuentran con un accidente.

—¡Rápido, necesitamos sangre!

—Yo soy o positivo —dice Roberto.

—Pues muy mal, Roberto, aquí se viene a animar.

Jaimito y su amiga Ana van por la calle:

—¡Mira, Jaimito! ¡Un reloj!

—Sí, es mío, es que a veces se me adelanta.

Jaimito está quedando con su amigo:

—Pedro, a las 10, cuando llegue a tu casa, te pito y bajas.

—¿Te has comprado un coche?

—No, un pito.

> Oye, que solo somos dos, vamos a buscar otro par de enfermos.

❖ ❖ ❖

Jaimito y su amigo Pedro van por la calle y ven un cartel que dice: «Aceros inoxidables».

—Eh, Pedro, ¿nos hacemos?

❖ ❖ ❖

 ❖ ❖ ❖

Jaimito les dice a sus amigos que puede leerles el futuro:

—Son quinientos euros por consulta y podéis hacerme dos preguntas.

—¿No te parece demasiado dinero, solo por dos preguntas?

—Sí, confieso que sí. ¿Cuál será la segunda?

 ❖ ❖ ❖

Jaimito es amigo de Pablo, su vecino. Un día, tras mucho tiempo sin verle, le dice:

—Si yo vivo abajo y tú vives arriba, ¿podríamos decir que «techo de menos»?

 ❖ ❖ ❖

Carlos le cuenta a su amigo Jaimito:

—Me han dado plantón.

—¿Como a las ballenas?

 ❖ ❖ ❖

—Ana, ¿por qué Bob Esponja no va al gimnasio?

—¿Por qué, Jaimito?

—Porque ya está cuadrado.

 ❖ ❖ ❖

Jaimito y sus amigos entran en la biblioteca:
—Shhh, niños, sabéis que tenéis que estar en silencio, ¿verdad?
Y Jaimito contesta:
—Claro, señora, no queremos despertar a toda la gente que está durmiendo.

Su mejor amigo le pregunta a Jaimito:
—Jaimito, ¿tú y yo qué somos?
—¡Pronombres!

Carlos se queja de su hermano menor:
—Jo, Jaimito, tener un hermano tan pequeño es un rollo. No deja de hacerse pis en la cama.
—Pues que duerma en el baño.

Jaimito y sus amigos están jugando en el parque. Su madre los riñe:
—Niños, dejad de jugar en la tierra.
Y entonces los niños se fueron a jugar a Marte.

◆◆◆

—Jaimito, ¿cuáles son las diez cosas con las que siempre puedes contar?

—Mis dedos.

◆◆◆

Fede, tengo una pregunta.

Dime, Jaimito.

Si los zombis llegan a la tercera edad..., ¿zombiejitos?

Están Jaimito y Pedro hablando:

—Jaimito, ¿a qué se dedica tu padre?

—Es presidente de una empresa de importación y exportación.

—¡Anda! Pues tiene un puesto muy importante.

—Importante y exportante, sí.

—Jaimito, ¿existe alguna planta que camine?

—Claro, la planta de los pies.

Jaimito va por la calle con la cara amoratada y se encuentra con su amigo Pablo:

—¡Jaimito! ¿Qué te ha pasado?

—¿Ves ese muro de hormigón que está allí?

—¡Sí!

—¡Pues yo no lo he visto!

—Jaimito, ¿sabes cuál es el colmo de un vampiro?

—Ninguno, porque los vampiros no tienen colmo, tienen colmillos...

Jaimito le pregunta a su amigo Fede:
—¿En qué se parece una bruja al fin de semana?
—¿En qué?
—En que los dos se van volando.

Jaimito charla con su amiga:
—Ana, a ti te gusta eso del medio ambiente, ¿no?
—Sí, ¿por?
—Tengo una duda: si los zombis se deshacen con el paso del tiempo, ¿zombiodegradables?

Jaimito está hablando con sus amigos:
—Van dos soldados en una moto y no se pueden bajar nunca. ¿Sabéis por qué? Ya os lo he dicho: porque van soldados.

—Carlos, ¿cuál es la diferencia entre un avión y el pegamento?
—A ver.
—Que el avión despega y el pegamento se pega.

—Jaimito, ¿qué es un bastón?
—Un paraguas sin vestido.

❖ ❖ ❖

Jaimito está en el frontón del barrio, jugando a la pelota con sus amigos:

—Jaimito, ¿ves la tierra?

—¡Cómo no la voy a ver!

—¿Ves tu casa?

—Sí, la veo.

—¿Y el frontón?

—Pues también, claro.

—¡Entonces saca!

Van Jaimito y Pedro por la calle, y dice Jaimito:

—Pedro, ¿sabes qué época del año es la que menos les gusta a los libros?

—Ni idea. ¿Cuál?

—El otoño, porque se caen las hojas.

A la salida del colegio, Jaimito le dice a Sara:

—He sacado un cero en el examen.

—¿Y qué vas a hacer?

—Croquetas.

—Digo con el cero.

—Pues comerme unas croquetas.

A la hora del recreo, los amigos de Jaimito se ponen a hablar de los sitios a los que les gustaría viajar:

—Jaimito, ¿tú quieres ir a la selva?

—La verdad es que no.

—¿Por?

—Porque mi madre me ha dicho que, en cuanto salga del colegio, vaya derechito a casa.

Pedro le pregunta a Jaimito:

—¿Cuál es el colmo de Batman?

Y Jaimito dice:

—Que le Robin.

Jaimito está con sus amigos y les dice:

—Tengo una pregunta: si una adivina me invita a una fiesta, ¿hace falta responderle que voy a ir?

—Pablo, ¿sabes qué hace un perro con un taladro?

—No, Jaimito, ¿qué hace?

—Ta-ladrar.

Jaimito va por la calle y se cruza con una amiga:

—¡María, María! Acabo de ver un gatito con un solo ojo.

—¡Ay, pobrecito! Estaba tuerto…

—No, no, es que me he tapado el otro ojo con la mano.

Están Jaimito y sus amigos hablando de lo que quieren ser de mayores y Jaimito dice:

—¡Yo quiero ser nadador mago!

Sus amigos le miran extrañados.

—¿Nadador mago? ¿Y qué hace un nadador mago? Y Jaimito responde:

—Nada por aquí, nada por allá.

—Pedro, ¿cuándo sabes que hay una jirafa debajo de tu cama?

—¿Cuándo, Jaimito?

—Cuando puedes tocar el techo con la nariz.

◆ Índice ◆

¿Quieres seguir riéndote a carcajada limpia?

Pues no te pierdas...

¡Ya disponible!

UNA PROPUESTA
PARA CADA DÍA DEL AÑO...
¡Y NO ABURRIRSE NUNCA!